Die Elefantenkinder im Wuppertaler Zoo

Mit Fotografien von Barbara Scheer, Diedrich Kranz und Filipe von Gilsa

emons:

Vorwort

»Bongi« und »Kibo«, die beiden Elefantenkinder, sind die Publikumslieblinge im Zoologischen Garten Wuppertal.

Am 3. Juni 2005 kam hier nach fast siebzig Jahren Elefantenpflege zum ersten Mal ein Elefantenkalb zur Welt. Das kleine Elefantenmädchen »Bongi« wog bei der Geburt 106 Kilogramm und war 87 Zentimeter hoch. Der Tierarzt und die Tierpfleger halfen der Elefantenmutter »Punda«; die Geburt dauerte nur sechs Minuten. Anfangs noch etwas wackelig auf den Beinen, konnte Bongi der Mutter bald folgen und fand auch bald die Milchquelle, die bei Elefantenkühen zwischen den Vorderbeinen an der Brust liegt.

»Bongi« war der erste afrikanische Elefant, der jemals in Nordrhein-Westfalen geboren wurde, dementsprechend groß war das Interesse der Zoobesucher. Etwa 150.000 Besucher mehr als üblich kamen 2005 ihretwegen in den Wuppertaler Zoo – und auch wegen »Kibo«, dem zweiten Elefantenbaby, das am 9. Oktober 2005 zur Welt kam. Seine Mutter heißt »Numbi«.

»Kibo« ist ein Junge, bei der Geburt wog er mit 101 Kilogramm etwas weniger als »Bongi«, dafür war er drei Zentimeter höher. Sein Temperament ist stürmisch, glücklicherweise hatte »Bongi« einen Altersvorsprung, sonst hätte sie das Halbbrüderchen nur schwer ertragen können. Kibo ist der Name des höchsten Gipfels des Kilimandscharo, ganz so hoch wird der kleine Elefant nicht werden, aber hoffentlich genauso mächtig wie sein Vater »Tusker«.

Die kleine Elefantenherde im Wuppertaler Zoo – außer den schon erwähnten leben hier noch die beiden Weibchen »Sabie« und »Sweni« – kamen als

Waisenkinder aus dem Krüger Nationalpark in Südafrika in den Wuppertaler Zoo, der ein sehr großes modernes Elefantenhaus mit einer 3.000 Quadratmeter großen Außenanlage gebaut hatte. Es wurde 1995 vom damaligen Ministerpräsidenten des Landes Nordrhein-Westfalen, Johannes Rau, der Bestimmung übergeben und hat sich seither mit seinen Badegelegenheiten und den großen Freilaufflächen im Innenraum sehr gut bewährt. Elefanten, Tierpfleger und die Zoobesucher fühlen sich hier wohl.

Inzwischen ist ein neuer Nachwuchs angekommen, lange haben alle darauf gewartet: Am 13. Juli 2007 wurde das dritte Wuppertaler Elefantenbaby geboren: »Tika«, bei der Geburt 75 Kilogramm schwer und 82 Zentimeter hoch, ist die Tochter der Elefantenleitkuh »Sabie«. Mutter und Kind geht es prächtig. Auch die Elefantenkuh »Sweni« erwartet gegen Ende des Jahres 2007 Nachwuchs.

Ein Besuch im Wuppertaler Zoo lohnt sich nicht nur wegen der Elefantenkinder. Er ist einer der landschaftlich schönsten zoologischen Gärten. Wer länger nicht hier gewesen ist, sollte sich die neuen Freianlagen für Orang-Utans und Gorillas, Brillenpinguine und die neuen riesigen Gehege für Sibirische Tiger und Löwen ansehen.

Bongi, das heißt »danke« in der Sprache der Zulus.

Dr. Ulrich Schürer
Direktor des Zoologischen Gartens Wuppertal

Wenige Tage alt: Bongi, Wuppertals erstes Elefantenbaby, im Juni 2005.

Eine junge Dame erkundet ihr Umfeld.

Mit Mama Punda, nach dem Bad.

Ein wichtiger Ort im Elefantenleben: die Sandkuhle.

Auf Heu und Sägespänen im Elefantenhaus.

Wie weit reicht ein Rüssel?

Schnee gibt's nicht nur am Kilimandscharo ...

Wer wirft denn da mit Lehm?

Mama, ich hab Hunger! Bongi ruft nach Milch.

Auch in Sandkuhlen kann man »baden«. Bongi, einen Monat alt.

Imponieren übt sich am besten mit Rückendeckung.

Ein leichter Gegner …

Ein Jahr alt und ganz schön kess: Bongi im Juni 2006.

Aber bei Muttern ist es doch am schönsten.

Der erste männliche Nachwuchs: Kibo, wenige Tage alt, im Oktober 2005.

Elefantenspielzeug muss leidensfähig sein.

Will da wer was von mir?

Lieblingsübung für kleine Bullen: Imponieren.

Guten Morgen, Kibo! Weckappell mit Mama Numbi und »Tante« Sabie.

Ohren auf und los! Rennen lernen – und anhalten.

Sieh her, mein Sohn, so wühlt man in der Sandkuhle.

Das üben wir aber nochmal ... Kibo, zwei Monate alt.

Schon viel besser, Kibo!

Fünf Monate alt – und schon ein prächtiger Bursche. Kibo im Februar 2006.

Schnee ist okay ...

... aber Wasser ist nasser.

Kibo, mal imposant ...

... mal entspannt.

Die Chefin und der Nachwuchs: Leitkuh Sabie mit Kibo (vorn) und Bongi.

Hallo, ich bin der Neue. Erste Begegnung von Kibo und Bongi im November 2005.

Hier geht's noch recht sanft zu ...

... aber der »Kleine« kann auch anders.

Wenn er nicht bald aufhört ...

... gibt's was auf den Rüssel! Bongi zeigt dem Quälgeist, wer (noch) größer ist.

Von links: Numbi, Bongi, Punda, Kibo und Sweni.

Unentschieden im Kräftemessen: Kibo und Bongi im Dezember 2006.

Bongi am Ball, kurz vor dem 1:0.

Treppenwettklettern: Nur nicht umfallen!

Baby Nummer drei: Die kleine Tika im Juli 2007.

Tika mit Mutter Sabie.

Noch nah bei der Mama …

... aber schon neugierig.

Den Mut zusammennehmen …

... und dann alleine los!

Bildnachweis
Filipe von Gilsa 10, 13, 17, 20, 28, 32; Diedrich Kranz 4, 6, 8, 12, 14, 15, 16, 18
23, 24, 25, 26, 27, 30, 31, 39, 41, Umschlag Rückseite, Vor- und Nachsatz;
Barbara Scheer 5, 7, 9, 11, 19, 21, 22, 29, 33, 34, 35, 36, 37, 38, 40, 42, 43, 44,
45, 46, 47, Umschlag Vorderseite

© Hermann-Josef Emons Verlag
Alle Rechte vorbehalten
© der Fotografien bei den Fotografen
Gestaltung: Tobis Doetsch, Berlin
Druck und Weiterverarbeitung: Grafisches Centrum Cuno, Calbe
Printed in Germany 2007
ISBN 978-3-89705-537-7

Unser Newsletter informiert Sie
regelmäßig über Neues von emons:
Kostenlos bestellen unter
www.emons-verlag.de